APERÇU

COLONISATION D'ALGER.

PAR LE MARQUIS DE BARTILLAT.

PARIS.

IMPRIMERIE LE NORMANT,

RUE DE SEINE, Nº 8, F. S. G.

—

1837

APERÇU

SUR

LA COLONISATION D'ALGER.

Le système colonial est complètement changé en France depuis l'abolition de la traite des noirs. Il a fallu que les révolutions successives qui désolent la patrie depuis cinquante ans nous apportassent les passions ignorantes, l'esprit de désordre et l'incapacité prodigieuse de leurs hommes. Hardis à détruire, sans la première idée d'administration, les ministres des neuf gouvernemens constitutifs de la France, à dater de 1789, l'empire excepté, n'ont pas compris que la liberté des noirs était l'abandon de toutes les colonies européennes dans les Antilles, au profit de l'Angleterre. En effet, ce royaume ayant porté toute sa puissance commerciale dans l'Inde, et l'exerçant sans rivalité, faisait d'autant plus volontiers le sacrifice de ses possessions d'Amérique, qu'il devait les perdre à la première guerre avec les Etats-Unis; d'ailleurs les colons anglais des Antilles, préparés à cet événement, ont pu, par diverses transactions, modifier leurs pertes; et ses intérêts généraux ont acquis tout ce que l'Europe doit supporter de dommages par le monopole du commerce anglais.

C'est pour parvenir à ce but que, profitant de la cupidité et de l'ambition du cardinal Dubois, des fureurs de la révolution de 1789, et des nécessités de celle de 1830, l'Angleterre a alternativement propagandé, combattu, négocié, qu'elle simule avec nous une alliance de duplicité, détruisant par nous et de concert avec nous toutes les marines, toutes les colonies de l'Europe; notre aveuglement révolutionnaire nous rend l'instrument qui consolide sa prépondérance maritime.

Affectant une philanthropie bien peu persuasive pour ceux qui connaissent le régime colonial et l'histoire des établissemens anglais dans l'Inde, l'Angleterre inspira à nos conventionnels cette philosophie du massacre, qui coûta tant de sang à la vieille France, incendia nos colonies, détruisit la population blanche, et pourquoi? afin d'affranchir des brutes, à peine civilisables aux professions mécaniques, n'invoquant la liberté que comme le droit de la fainéantise, des brigandages et des meurtres, et d'ailleurs entièrement inhabiles à jouir de ses véritables bienfaits.

Sans doute la France, vigoureuse, intelligente et sous une administration éclairée, aurait un système politique au dedans comme au dehors, au lieu de végéter misérablement, en comptant tout son avenir dans le présent; elle reviendrait sur une aussi funeste mesure que l'abolition de la traite des noirs. On profiterait des dangers que court l'Angleterre, non pour en accepter la solidarité, mais pour renverser sa prépondérance. La France, voyant réagir sur sa rivale les troubles qu'elle suscite sur tout le globe, pourrait obtenir l'héritage d'une suprématie maintenant difficile à défendre si elle était habilement attaquée. Alger, à nos portes, nous remplacerait Saint-Domingue sur une plus grande échelle de prospérité. Mais il faut à la fois se dégager des lisières anglaises et adopter, avec un plan suivi, une forme d'administration forte, probe, éclairée et conciliante.

Une vice-royauté avec une grande étendue de pouvoir est le principe primordial d'une colonie à fonder. Toutes les grandes subdivisions de l'Inde sont dans la main d'un gouverneur général. Partout, pour obtenir la prospérité relative la plus complète, il faut une autorité centrale, puissante et non entravée; elle se tempère par les franchises et la liberté dans l'administration: l'une prévient ou réprime, tandis que l'autre conserve les intérêts particuliers.

Mais pour combiner ces deux leviers de la manière la plus simple, toute colonie doit se réduire à deux classes d'individus : le maître et l'esclave, soit que le premier soit propriétaire ou commerçant. Mais il ne faut pas oublier que la fertilité du sol africain fondera la société colo-

niale sur des produits agricoles; que tout possesseur de terres devra être en même temps le
traficant de ses récoltes. Cette aristocratie territoriale liera donc essentiellement ses intérêts à
ceux de la métropole; elle aura la nécessité de
son appui. Dans ce système, la force militaire a le
double emploi de protéger la colonie contre les
excursions des Arabes nomades et d'y maintenir
la tranquillité; l'administration civile s'exerce par
la chambre coloniale, pour les routes, constructions, établissemens publics, etc. La magistrature
a peu de procès à juger dans cet ordre de choses,
et les révoltes d'esclave ou crimes de toute nature
doivent être entièrement réservés à la jurisprudence militaire; car, dans ces climats, la justice
doit être prompte et sévère, ou, l'exemple arrivant
le délit oublié, n'est plus qu'une cruauté inutile.

Dans l'état présent de nos théories révolu-
tionnaires, une colonie n'est plus qu'une province annexée, soumise à la même loi que la
métropole, sans s'inquiéter de la différence du
climat, des mœurs, etc. Partout l'ignorance ba-
varde veut faire passer sous son niveau tout
peuple qui a le malheur d'être jeté dans son am-
phithéâtre et sous son scalpel. On ne veut que
des Européens, nationaux ou émigrans, pour
cultivateurs; vraie tour de Babel, par la confusion des mœurs, des religions et du langage.

Tant que le secours de la mère patrie sera indispensable à la colonie, elle subira sa dépen-

dance; mais le jour où elle lui deviendra oné-
reuse, on doit s'attendre à l'émancipation dont
les Etats-Unis d'Amérique ont donné le funeste
exemple. Exemple éclatant pour les rois philan-
thropes, faisant des révolutions *sans le savoir*, et
y laissant, comme Louis XVI, leur couronne,
leur tête, et la paix sociale de leur royaume pour
plus d'un siècle, peut-être!

Mais une des premières nécessités est de
fondre la population africaine avec les propriétaires français. Nous entendons par *Africain* les
Maures, susceptibles de fidélité, de sentimens
élevés, courageux par nature; mais en même
temps il faut chasser de cette colonie le peu de
Juifs qui la souillent, traîtres, bas, rampans et
usuriers, comme dans le reste du globe; hommes
sans foi comme sans patrie, et dont la caisse
renferme leur bien, leur pays, leur famille et
leur dieu!

Mais pour y parvenir il faut d'abord se rapprocher des coutumes et de la législation d'O-
rient; tout ce que le temps a consacré par une
longue expérience est inévitablement amené par
les besoins du pays; tandis que les théories ne
sont jamais qu'un peut-être! Mais le lien qui
peut le plus unir ces populations entre elles,
c'est l'unité religieuse. Dans tous les âges, ce
moyen entre dans la politique; que l'incrédulité
moderne le dédaigne, c'est afficher son peu de
portée. On entraîne les hommes par des idées

qui leur semblent nouvelles; on ne les fixe que par des sentimens. La liberté enthousiaste de 89 est devenue un feu d'artifice en 1830; il n'y a donc que les convictions qui jettent des germes profonds. Ayez des missionnaires, sages, concilians, instruisant l'Arabe sans offenser ses principes religieux, l'en détachant sans les briser, vous ferez des prosélytes. Distinguez-les après leur réunion à la même église; que ce soit une récompense et non une séduction, alors vous n'aurez à combattre ni leur foi, ni leur orgueil.

Que l'on se persuade bien que partout et à la longue ce ne sont pas les hommes qui gouvernent les hommes, ce sont les traditions et la loi. On ne fait pas la loi. Nos épiciers législateurs sont une absurdité et un ridicule, dont un nouveau Molière égayera nos neveux. La loi est l'expérience raisonnée d'un législateur éclairé, et la soumission de l'habitant au palladium de sa propriété et de sa personne. La loi est toute faite par les mœurs; elle s'entretient par les traditions; elle ne se change pas, elle se modifie par des circonstances nouvelles et des nécessités imprévues. Si on la bouleverse dans un pays, il reste agité, malade; ou la société se dissout, ou la force ramène la loi primitive modifiée; mais la force doit cesser son emploi dès que la loi a repris son cours par la pacification de l'Etat.

La loi ne saurait être la même pour une société neuve que pour une société vieillie dans la corruption. La nature des mœurs, du climat, des produits exige des dissemblances; l'espèce des hommes, emportés ou calmes, vifs ou réfléchis, veut des combinaisons différentes. On faisait jadis les habits sur trois tailles, maintenant on prend mesure à chacun. Il est curieux de voir le vêtement moral, devant également habiller le nain et le géant; ce qui fait qu'un pays constitutionnalisé n'est plus qu'une vaste caricature.

Le mode de législation coloniale en Afrique ou dans l'Amérique méridionale ne saurait donc être le même. Plus braves et plus actifs, il faut une législation plus répressive aux Maures qu'aux Péruviens, gent plus molle, plus paresseuse qu'aucun peuple du monde. Il faut donc calculer les rapports moraux avec l'ordre matériel des hommes et des choses pour fonder un établissement durable.

Ainsi la fondation et les règlemens d'une colonie moderne doivent appartenir à un gouverneur général, avec autorité pleinière, créant son système pour l'application possible des meilleurs usages des colonies modernes; assez politique pour négocier avec les naturels du pays; assez instruit et judicieux pour élaborer le code complet de la jurisprudence coloniale; assez hardi pour ne reculer devant aucun parti vigoureux et décisif, ferme et actif pour maintenir l'ordre journalier, et pourvu de cet esprit juste et conciliant qui adoucit même les mesures de rigueur.

Les commissions, les conseils, les plumitifs sont des pépinières de discorde et de rapines. C'est une des folles erreurs de ce siècle niais et improductif.

Un seul homme représentant la métropole; des chefs d'administration civile et militaire sous ses ordres et qui le représentent lui-même, puisqu'il doit accepter la responsabilité d'un pouvoir illimité ; tels sont les simples rouages nécessaires.

On avait pensé à la formation d'une compagnie d'Afrique à l'instar de la compagnie des Indes anglaises, ayant sa charte, ses prérogatives et son omnipotence. Mais, en France, on a pris plus les inclinations que l'habileté marchande. L'intérêt public serait remplacé par la lutte des intérêts privés. Le pouvoir militaire, base de l'ordre colonial, serait sans cesse combattu, affaibli par l'avidité mercantille. On verrait naître des procès aussi scandaleux que celui de lord Hastings avec la Compagnie. Les compagnies sont, de nos jours, un polype dont il ne faut jeter une racine nulle part, si on veut conserver un établissement.

Nous développerons successivement et brièvement toutes ces vérités préliminaires sur les moyens applicables de coloniser la régence d'Alger; car nous sommes de l'avis du philosophe Callimaque, vivant il y a quelque deux mille ans :

« Un gros livre est un grand mal. »

L'Empereur, à l'exemple de Louis XIV, ne recherchait que le mérite ; tous deux appréciaient l'indépendance, ils ne la craignaient pas, sûrs de la subjuguer par l'estime et l'admiration qu'ils inspiraient ; puis ils savaient que les rois ne peuvent être bien servis par des flatteurs et des courtisans. Aussi, comme Auguste, Louis donna son nom à son siècle. L'immense carrière que parcourut Napoléon en quatorze ans fut trop courte pour qu'il pût baptiser sa grande époque ; mais il restera la seule figure qui la dominera.

Entre Louis et Napoléon tout fut livré en France à l'intrigue et à la faiblesse. On défit pièce à pièce la société française. Le génie vigoureux de l'Empereur réunit tous les débris, recréa la France ; mais il vécut trop peu pour consolider son ouvrage. La Restauration vint le démanteler, la révolution de 1830 compléta la destruction, par une pareille aversion du talent et de tout caractère fort et indépendant.

La révolution populaire de juillet, en se faisant mitoyenne, se sépara des deux partis qui avaient le plus de lumières ou d'énergie. Ce fut désormais à la vanité bourgeoise et aux préjugés vulgaires à concevoir et à résoudre; c'était exclure toute idée vaste, tout sentiment d'un ordre élevé. Aussi n'y eut-il personne pour comprendre ni pour exécuter.

La France, annulée dans l'intérieur par une telle situation, fit rejaillir au dehors cette nullité sur sa diplomatie et sur ses colonies.

Aussi, depuis la conquête d'Alger, une expédition militaire est-elle un échec ou un avortement, et l'administration civile, l'usage des plus scandaleux abus.—Au moment de la conquête, les naturels du pays étaient habitués à ne reconnaître que deux classes d'hommes: le maître et l'esclave. La liberté du Maure ne l'affranchissait pas du Turc. Le proverbe en vient « traiter de Turc à Maures; » puis venaient les Juifs, objets des avanies et des mépris de tous; à ceux qui s'étonnaient de cette vie d'humiliation et de dangers, ils répondaient : « Nous souffrons beaucoup, mais il y a tant à gagner! » — Tel était l'aspect général de la colonie.

La milice turque se renouvelait tous les ans par des vaisseaux envoyés à Smyrne pour y ramasser des recrues, rarement l'élite de la population. Cette milice montait à douze mille hommes. Privilégiée pour tous les emplois, aussi bien que pour son influence, elle nommait le bey, toujours choisi parmi ses principaux officiers. Les Maures étaient relativement aux Turcs, ce que jadis les Gaulois furent aux Francs.

Notre sûreté, après la conquête, exigeant l'éloignement des Turcs, on les renvoya à Smyrne; au bout d'un mois, il n'en restait qu'un petit nombre, infirmes, ou trop âgés pour être redoutables.

La population ne se composa plus que des Maures, de leurs esclaves affranchis, et des Juifs.

L'esclavage s'entretenait par trois moyens : la course en mer, les expéditions dans le désert, les marchés dans trois villes de l'intérieur, où chaque année les marchands amenaient douze mille nègres de tout sexe et de tout âge.

Rien n'était plus naturel à notre arrivée que de rendre à leur patrie tous les esclaves chrétiens, c'était une affaire de famille européenne. La destruction de la piraterie et de l'esclavage était la véritable cause de l'expédition; le prétexte qui la décida fut le seul tort de cette guerre. — Mais, affranchir subitement les noirs fut une faute politique due à notre philanthropie ignorante et révolutionnaire[1]; ce fut

---

[1] On doit remarquer le fait suivant comme une des mille contradictions qui font partie de notre administration. L'abolition de l'esclavage fut en effet proclamée immédiatement après la conquête ; mais les Maures revendiquant le traité du 5 juillet 1830, qui garantissait toutes leurs propriétés, firent valoir leur droit sur leurs esclaves comme une des plus importantes, et il ne leur fut pas contesté : en sorte que le musulman a des esclaves, tandis que le chrétien n'en saurait posséder. Il en résulte que l'Européen prend à gages des esclaves qu'il emprunte au Maure. Bientôt le noir se pervertit à la licence européenne : on le rend à son propriétaire; la bastonnade orientale fait rapidement rentrer l'esclave dans le devoir. On l'afferme de nouveau sans pouvoir le conserver discipliné; et quand le Maure auquel on le renvoie le trouve trop corrompu pour le réduire, il le tue, couche le cadavre devant sa porte; on le ramasse, on l'enterre et il n'en est plus parlé. (*Note communiquée.*)

une fatale imprévoyance, car la plupart allèrent rejoindre les tribus qui nous étaient hostiles. La prédilection montrée aux Juifs indisposa les Maures; un grand nombre, ruinés par les agens français, fuirent une domination oppressive, manquant en même temps à la protection et à la foi promises. On augmenta ses ennemis d'une masse d'hommes implacables. On a révolutionnairement créé toutes les résistances qu'on éprouve depuis la conquête.

Les conquérans n'assurent leur domination sur un pays envahi qu'en prenant une partie des mœurs du vaincu; les Tartares deviennent Chinois, dès qu'une heureuse irruption les rend maîtres de cet empire. Sur cette côte d'Afrique, on ne trouve que des modifications dans le genre de vie de ces peuples, comparés à ce qu'ils étaient au temps des Romains. On déracine difficilement des habitudes immémoriales, et qui n'ont subi d'altération que dans leur forme extérieure.

On avait promis de respecter les mosquées, de tolérer le culte mahométan, de protéger les personnes et les propriétés : il fallait tenir fidèlement ces promesses.

Mais la protection peut ne pas être un encouragement. Il ne fallait pas faire une caserne de la belle mosquée de la Casauba; détruire ces belles colonnes de marbre de Paros qui en étaient l'ornement; n'était-il pas plus simple de la conserver comme église

chrétienne, ainsi que l'on a métamorphosé à Co-
rouane son admirable mosquée ?

Lorsque l'Espagne reçut la loi victorieuse de
Monza, le peuple, en devenant sujet du kalife, adopta
les usages et la législation du vainqueur. Les Maures
de Grenade mêlèrent leur énergie avec l'esprit che-
valeresque des Espagnols; leurs périodes de grandeur
et d'éclat furent la récompense de la naturalisation
en Espagne des qualités brillantes des deux nations;
mais l'expérience n'a jamais servi à personne. On
recommence immédiatement les mêmes fautes, parce
que l'intérêt égoïste est le plus incurable des aveu-
glemens.

Au lieu de souffrir le brigandage et l'agiotage des
propriétés, n'était-il pas plus judicieux de les clas-
ser, de partager les domaines de la régence en deux
parties, l'une divisée pour en faire des récompenses
militaires soit à vie, soit à perpétuité; de vendre le
reste. On réalisait ainsi ce projet illusoire de doter
l'armée, sans charger le pays; on ouvrait une carrière à de noble fortunes, on faisait naître l'émulation; on s'assurait le dévouement de l'armée; ce
sont-là des récompenses productives! C'était renouveler le système des colonies romaines.

Mais sans la culture par les noirs, tout projet de
colonisation avortera. Rien n'est plus facile que de
rétablir les anciens marchés; rien n'est plus simple
que de négocier avec les puissances continentales
une adhésion sans intérêt pour elles, et qui diminue-

rait la prépondérance de l'Angleterre. D'ailleurs cette puissance, trop occupée chez elle, affaiblie par ses immenses possessions, impuissante par cela même en Europe, ne pourrait troubler nos prospérités que par des intrigues sans résultat; et même, en cas de guerre, Alger, bien administré et naturellement fortifié, trouverait assez de ressources dans son propre territoire pour se soutenir avec une médiocre assistance de la métropole.

Un vice-roi habile, avec quinze mille hommes, maintiendra la province d'Alger contre tout ennemi intérieur et extérieur, et pourra tenir des garnisons à Oran, Bone et Bougie, seuls points utiles à occuper pendant le travail de colonisation successive. — La plus grande faute en conquêtes morales ou matérielles, est de ne pas attendre beaucoup du bénéfice du temps, et d'avoir la folle prétention d'anticiper sur lui. Occuper plus qu'on ne peut mettre en valeur, impose l'obligation de ruiner le pays; on accroît ses ennemis, on détruit un avenir plus tardif, mais certain; c'est une conduite indigne d'un grand peuple, car c'est ou de la vanité mal entendue, ou une course de flibustiers.

Pendant les premières années, en se bornant à la seule occupation de la province d'Alger, on l'eût facilement et en peu de temps peuplée, fertilisée et soumise à une administration régulière. Les rapports avec les provinces voisines devaient tendre à les rapprocher par la bienveillance, à leur donner des habitudes commerciales qui, devenant pour elles une nécessité, les eût attachés à la France; après s'être assuré l'affection d'une partie des naturels du pays, la force eût secondé leurs bonnes dispositions; divisés comme ils sont entre eux, il ne fallait qu'une adresse bien ordinaire pour se faire un grand parti en Afrique.

En donnant à l'agriculture et au commerce un grand développement dans la province d'Alger, cette province devenait la base des opérations ultérieures. Sa prospérité eût été un objet d'envie et d'imitation pour les provinces adjacentes; elles nous auraient appelés pour aider à leur mouvement vers la civilisation, et notre établissement se fût fait par des transactions paisibles, ou malgré de faibles résistances.

On formait déjà un beau territoire en prenant sa largeur jusqu'à Bélida et sa longueur entre l'Arahc et le Mazafran; cette plaine riche et fertile se fût bientôt couverte de villages et de maisons ou fermes, faciles à défendre contre un coup de main. On pouvait d'ailleurs ajouter un fossé palissadé à la force de leurs constructions, comme au moyen âge, les mêmes craintes éveillant la même prévoyance.

Avançant progressivement, en raison de la population et des défrichemens, élevant quelques châteaux sur les rivières et sur les principaux défilés de l'Atlas, on n'aurait eu à redouter que quelques houras de ces tribus sauvages; leur retraite hors de nos lignes eût d'ailleurs été difficile ; et sans cesse réprimés, ils auraient craint de renouveler des combats inégaux et d'infructueuses tentatives.

La richesse de la végétation, la fécondité de ce sol si productif aux Romains, qui l'appelaient leur *grenier*, ne pouvaient que s'accroître par l'industrie française bien dirigée : que n'obtient-on pas du travail sous un soleil ardent et par l'abondance des eaux ? C'est une serre immense que la nature a établie dans ces climats ! Toute cette contrée devait donc se vivifier graduellement ; car, surtout en colonie, la patience, le temps et un système d'ordre sans déviation sont les élémens du succès. Le goût eût embelli des paysages si variés, si pittoresques, tandis que la production et le commerce se seraient réunis pour les enrichir. Le midi de la France eût principalement recueilli les fruits de cette prospérité.

Mais elle dépend entièrement du choix du chef, de son intégrité, de sa conduite active, ferme, laborieuse et paternelle. Rien de plus facile que de régulariser une société composée de deux classes seulement : l'une obéissante et née dans l'habitude de la soumission ; l'autre devant, pour son intérêt, commander avec ce calme et cette douceur que les fautes et la résistance métamorphosent en sévérité ; mais rien n'est plus difficile que de faire faire aux hommes les choses faciles.

Mais une marche si simple, un système si rationnel, aurait été contrarié par des traités de circonstance, par des négociations compliquées, puis par des déclamations libérales et par les parades d'humanité qu'on joue depuis cinquante ans.

A-t-on la faculté et le courage de s'affranchir de ces honteuses entraves? Peut-on imposer silence à nos philosophes de carrefour qui, par une progression ascendante, ont abruti beaucoup de nos philosophes de salon? Il serait temps de revenir sur les aberrations du passé, de comprendre le dommage qui en résulte pour la patrie! Craint-on l'opposition de quelques vanités puissantes? La palinodie des doctrines et des mots est bien aisée à obtenir des palinodistes d'intérêt.

Sans doute toute entreprise au dehors demande qu'on soit tranquille et affermi au dedans; pour innoculer de la force à ses colonies, il faut en trouver le germe dans sa puissance intérieure; il faut pouvoir dire hautement : « Je veux, parce que je suis assuré du concours du pays. » Ce fut ainsi que, sous ses stathouders, la Hollande marcha à son indépendance; et elle n'a conservé de nos jours sa nationalité que par l'union de la royauté aux intérêts de la patrie.

Si l'on doit renoncer au seul système colonial possible, autant remettre Alger à la Turquie, ce serait éviter que cette colonie ne tombât entre les mains des Anglais auxquels il semble qu'on l'offre en holocauste; car l'état de désordre où elle est équivaut à un abandon, qui serait plus économique.

Renoncer à la culture par le travail des noirs serait manquer de résolution et d'intelligence locale. Aucun gouvernement ne serait assez riche pour peupler et cultiver à ses frais; les entreprises individuelles finiraient par avorter, faute de bras et de capitaux. Dans ces deux hypothèses, l'administration opprimera nécessairement cette société individualisée et sans garantie protectrice. — C'est le système d'abus qui nous est journellement révélé; il ruine la confiance dans les délégués du pouvoir et s'oppose à tout progrès dans la colonie.

Changez les hommes, et ils reviendront les mêmes sous d'autres noms. — Multipliez les lois par vos chambres ignorantes, qui comprennent aussi peu l'Afrique que la France; tout périt par la mauvaise législation; et on ne fait qu'ajouter le vice de la loi à l'impossibilité du système. La vraie maxime politique est: « unité politique; diversité administrative. »

On avait, nous l'avons déjà dit, pensé à la formation d'une compagnie d'Afrique, à l'instar de la compagnie des Indes anglaises. Cette compagnie avait d'abord paru susceptible de plus de suite, de plus d'activité dans ses efforts que l'administration la mieux intentionnée; mais outre que la distance de la métropole a été une des principales raisons qui a décidé l'Angleterre à cette concession, motif non existant ici, l'improbité des directeurs et administrateurs des compagnies françaises, depuis nos révolutions, interdit

au gouvernement d'accorder un monopole de spo-
liation, autant contre les actionnaires que contre la
propriété. D'ailleurs cette compagnie ne réussirait
pas à coloniser sans la main d'œuvre des noirs. Ses
priviléges pèseraient sur les propriétaires de manière
à tuer leur émulation et à recueillir le profit de leurs
labeurs. Les Indes avaient d'ailleurs une population
faite, une organisation territoriale, des habitudes
commerciales. En dépouillant les princes ou rajas,
les Anglais respectèrent d'abord les droits des peuples, puis s'associèrent à leurs bénéfices avant de les
monopoliser. Ils se déclarèrent conquérans, et les
vaincus prirent la dénomination de sujets; et encore,
combien de guerres, d'années, de perfidies, avec
tant d'élémens, pour obtenir et consolider la domination anglaise dans l'Inde !

En Afrique, c'est un peuple à faire, à mélanger,
à acclimater, à régulariser, à protéger long-temps, à
contenir tant qu'on en aura l'habileté.

Si l'on se refuse à la traite des noirs, on attirera
des émigrans de tous les États de l'Europe. Ils peu-
pleront d'abord moins de champs que de cimetières.
— La génération suivante pourra s'acclimater; mais
enfans sans vigueur de pères énervés par le travail
sous un ciel brûlant le jour, et la nuit glacial, quelle
triste population ! elle ne voudra que vivre; et ce
n'est que l'excédant de la production qui enrichit
les familles et l'Etat.

Avec des noirs, le travail est forcé et réglé; avec

des cultivateurs blancs, ce sera sans cesse des débats nouveaux entre le propriétaire et le prolétaire; ce sera le recours à la force ou aux tribunaux. Et cette nature de relations devient également la ruine du maître et la misère du colon.

L'inévitable mortalité des laboureurs européens laissera souvent les champs sans culture, mettra une quantité de veuves et d'orphelins à la charge de la colonie: qui devra entretenir cette classe intéressante de mendians? quelle condition pourrait-on apporter alors à cette charité indispensable? Les noirs font partie du mobilier d'une ferme; on calcule le produit autant que la perte; les femmes et les enfans sont une propriété dont on use suivant leurs forces, leur âge, et qu'on ménage pour l'avenir.

L'Européen cultivateur sera donc plus esclave que le noir; plus abandonné, en cas de maladie; s'il meurt, sa famille restera sans ressource, tandis que l'intérêt du propriétaire le force à prendre soin de la famille du noir.

C'est donc une déception pour les émigrans qu'on encourage à venir en Afrique; outre le mélange im-politique de mœurs, de religions, de langages in-troduit ainsi dans la colonie, ce serait la confusion morale et administrative; à la longue même on fera un peuple athée, et plus nuisible que la population vaincue; on aura établi philanthropiquement l'escla-vage des blancs, pour l'amour des hommes de cou-leur et par haine de la raison préexistante; car la différence de la situation relative des deux espèces de colons aura pour inévitable résultat la servitude des blancs par misère; un principe aussi vicieux peut amener les plus grands désastres dans la colonie.

On pourrait prendre le *mezzo termine* de louer des familles noires pour un temps limité ou de prendre des habiles, comme serviteurs à gages; mais il n'y aurait plus d'autorité pour le maître avec le caractère de ces montagnards accoutumés à l'indépendance, et toujours prêts à partir dès qu'ils sont mécontens, même à se venger s'ils se croient offensés. D'ailleurs toutes les situations mixtes n'offrent jamais en affaire que des inconvéniens. Ce serait une sorte de *juste-milieu* entre la liberté et l'esclavage; et l'expérience fait chaque jour la preuve de l'impossibilité de ce système.

D'ailleurs le colon se regarderait bientôt comme propriétaire de la famille louée; elle se plaindrait de son côté qu'on abuse de l'engagement consenti. Dès lors, dissension ouverte. L'autorité donnerait nécessairement droit au planteur. Bientôt tous les journaux d'opposition s'empareraient de la question, la comprenant ou non; la belle occasion de faire du sentiment et de la liberté! Ces déclamations seraient exploitées par les boute-feu et les mécontens, qui ne manquent nulle part et osent partout; et ils ne voudraient pas se rappeler que la rage fanatique de quelques furieux signa, dans une nuit fatale, sans le savoir peut-être, la perte de Saint-Domingue, l'arrêtde mort et la ruine d'un million de nos concitoyens.

Les détracteurs de la colonie s'appuient sur l'insalubrité du climat; les Maures après les Romains n'y ont-ils pas vécu riches et puissans? N'ont-ils pas fait cultiver ce sol fertile? N'y ont-ils pas usé et abusé du pouvoir par les combats, qui les en rendirent maîtres, aussi bien que par leur luxe et leurs excès? — Sans doute cette terre, négligée par la vie nomade de ses derniers possesseurs, demande de la culture et des plantations; certaines parties envahies par les eaux veulent des canaux qui les dessèchent et les assainissent. Le travail n'est pas seulement la parure, mais la salubrité de la nature brute; ce travail ne s'obtient que de l'homme forcé à s'y résiguer et déjà acclimaté.

C'est au milieu des plaintes et du désordre que l'on discipline mal une population de cinq mille Européens; que l'on perd tout crédit et toute affection parmi les anciens habitans; et l'on emploie à ce chef-d'œuvre un corps de quinze mille hommes et une administration ruineuse.

Supposez vingt mille colons, ce qui fera une pauvre colonie! donnez-leur la liberté constitutionnelle d'Europe, vous aurez bientôt la guerre civile, dont vous aurez jeté le germe. — Les Arabes soutiendront un des deux partis jusqu'à ce qu'ils puissent les exterminer tous les deux. Dieu sait combien nos excellens alliés les Anglais donneraient de secours à une œuvre si méritoire à leurs yeux!

Partout où il y a une révolution à exciter, à favoriser, des familles à diviser, du sang à échanger contre de l'or et du calicot, on trouve ce peuple boutiquier prêt à de nouveaux crimes politiques. On ne peut donc que déplorer notre alliance avec l'Angleterre; alliance réprouvée par nos intérêts autant que par la générosité de notre pays.

En résumé, jamais on ne fondera et l'on ne maintiendra une colonie que par un système exceptionnel.

Dans le siècle de Louis XIV, si fécond en génie, en audace, en conceptions de l'esprit, on n'a pas dévié du principe colonial connu; et la médiocrité arrogante de notre époque veut opposer ses tristes et désastreuses rêveries à l'habileté de notre plus brillante époque! Les États-Unis d'Amérique reconnaissent la nécessité de maintenir l'ancien système dans leurs provinces agricoles; il n'est modifié que dans les provinces industrielles. Vraisemblablement dans un certain nombre d'années, la différence des intérêts, des mœurs et des doctrines fractionnera ces divers États; alors la puissance de l'industrie et de ses maximes déclinera devant l'influence plus naturelle de la propriété.

La Louisiane et le Canada, contrées plus séparées, et par conséquent ayant plus d'analogie avec le climat d'Europe, n'ont pris un grand développement de prospérité que dans les parties cultivées par les noirs. — On ne réussit que par une volonté ferme qui prend les moyens nécessaires. C'est une erreur de croire que la forme d'un gouvernement entraîne l'homogénéité de la direction de ses colonies; car l'Angleterre et les Etats-Unis démentent cette assertion; leur conduite au dehors affiche à quel point ils sont indifférens pour l'absolutisme ou la liberté; surtout si l'un ou l'autre de ces systèmes se succède dans le même Etat, l'affaiblit assez pour leur donner une plus grande influence. — Tout ce que redoute l'Angleterre est le gouvernement fort qui, par sa fixité, lui offre la faculté de la résistante.

L'erreur de la politique générale de la France tient à l'incertitude de sa position, à l'impuissance où la réduisent ses discordes civiles; elles ne lui laissent que la possibilité de détruire; elles la contraignent à reculer toujours, soit devant une exigence de parti, soit par des refus de concours; en sorte que le gouvernement perd son temps en projets avortés.

On feint de s'étonner, dans les ministères comme aux chambres, de cette position neutralisée. On s'en prend aux effets, tant il paraît indiscret de remonter aux causes; d'où il résulte que n'abordant jamais le principe du mal, il doit nécessairement faire d'effrayans progrès.

L'Angleterre n'a pris d'ascendant sur la France que par ses alliances du continent, la solidité de son gouvernement et la constance de sa politique. Elle a perdu son influence dès qu'elle a sacrifié la fixité de ses institutions. La confiance s'est éloignée d'un pays menacé d'une révolution, et menaçant les États bien ordonnés.

C'est la désorganisation de la France, ses guerres d'invasion qui irritèrent à la fin l'Europe et la ligua contre nous. C'est ce que l'on peut redouter encore du système bâtard que l'on suit; car la politique des intérêts particuliers cesse, quand la politique de conservation naturelle est alarmée.

La France, sous la Restauration, prétendit marcher neutre ou amie, mais indépendante d'alliances ou de concours auxiliaires. Il faut un fond de puissance colossal pour soutenir ce rôle de coquetterie politique. Il n'était que de la jactance; la France devint un objet de jalousie et d'indifférence pour les puissances continentales, qui virent crouler la royauté avec effroi, mais sans la secourir.

La révolution de 1830 inspira à l'Europe continentale moins d'estime que de crainte. On s'accommoda pourtant avec elle sous condition; mais comme dans les paroles aussi bien que dans les faits clandestins, on continua de la prendre pour son régulateur, cet état d'éloignement se perpétua; sauf l'Angleterre, dont on acheta l'humiliante protection par des plus grands sacrifices qu'elle n'en eût osé exiger à la suite de la guerre ouverte la plus malheureuse.

Le principe de la rivalité éternelle de la France et de l'Angleterre est aussi démontré que celui de la haine de Rome et de Carthage ; et tout bon Français doit répéter le fameux *delenda est Carthago*. L'empereur voulut parvenir à la destruction de l'Angleterre en subjuguant l'Europe : la France doit rechercher ce but par les alliances continentales ; mais pour les conclure, la conformité des principes est nécessaire ; il ne faut pas qu'on puisse croire à l'instabilité du gouvernement et que l'on voie les agens du désordre se proclamer les restaurateurs de l'ordre.

Or, cette garantie ne peut être donnée que par un cabinet monarchique (mais non monarchique accidentellement), et par le rétablissement des institutions monarchiques ; car l'esprit des révolutions semble posséder toutes les têtes ; il marche avec rapidité ; on dirait qu'il ne cherche plus qu'un homme et une occasion, et que, sûr de son fait, il ne laisse à deviner que la date.

La première circulaire du cardinal de Richelieu, nommé premier ministre, ne contenait que ces mots : « Il a plu au roi de me choisir pour son premier ministre ; il m'ordonne de vous annoncer que son système politique est changé. »

Jamais l'Angleterre ne nous a fourni une plus belle occasion de nous venger de ses perfidies, de l'humilier et d'affaiblir au moins sa puissance. Si Louis XIV ressuscitait, dans deux ans il y aurait un roi de l'Irlande affranchie, et la France aurait acquis la suprématie des mers. Mais de quelle importance ne nous est pas l'Espagne par sa position maritime, par ses îles de la Méditerranée, par les vaisseaux qu'elle pourrait nous donner comme auxiliaire ? Cette puissance nous fut aussi nécessaire pour la conquête d'Alger, qu'elle nous est indispensable pour sa conservation. Comme dépôt d'approvisionemens, de malades, de blessés, comme relâche, les îles Baléares nous furent d'un secours admirable; n'est-il pas étrange de défaire l'œuvre et la pensée d'avenir d'un grand roi, d'imiter la conduite tant flétrie de Dubois? Comme à cette déplorable époque, on livre aux Anglais la marine, les trésors, la population et le repos de l'Espagne, notre fidèle alliée depuis plus d'un siècle. On entretient chez elle la guerre civile la plus sanguinaire; on craint tout résultat, on s'y oppose parce qu'on aurait la faiblesse de le regarder comme un triomphe pour l'un des deux partis, qui vote pour l'un ou l'autre camp. On n'ose, on ne sait ni s'allier, ni favoriser la seule cause dont on puisse retirer une future assistance. Au lieu d'une politique d'avenir, on fait de la politique d'expédient, c'est-à-dire d'intrigues, dont le cachet est l'imprévoyance; et c'est ainsi qu'on métamorphose en inextricables embarras, les avantages positifs d'une conduite franche et loyale.

Et qui vous dit que l'Angleterre multipliant les moyens de corruption, augmentant son assistance militaire, ne parviendra pas à faire triompher la révolution en Espagne? que direz-vous en voyant qu'on a conclu, pendant que vous n'agissiez que pour prolonger les troubles ? que direz-vous lorsque la révolution à vos portes vous apparaîtra menaçante ? et qui vous dit que l'Angleterre n'obtiendra pas Cuba pour l'indemnité de ses usuriers ? et qui vous dit que, protectrice d'un parti n'ayant de force que dans ses excès, elle n'exigera pas la cession d'Alger à l'Espagne ? Céderez-vous cette colonie pour être exploitée par les marchands de Londres, jusqu'à ce que la puissance anglaise y devienne assez prépondérante, pour n'avoir plus que le nom du possesseur à changer ? et de toutes parts, mille voix françaises ne vous signalent-elles pas le danger de l'établissement des anglais sur la côte d'Espagne ! Est-il national de les avoir mis en possession du golfe de Gascogne ? de leur assurer la domination de nos côtes occidentales ? est-il national de leur accorder une licence de contrebande sur toute la ligne des Pyrénées ? est-ce le courage ou le jugement qui vous manquent ? C'est ainsi que d'hésitation en faiblesses, et de faiblesses en impossibilités, on est forcé d'accepter, comme faits accomplis, les revers les plus faciles à prévoir.

Quelle époque pourrait être plus fertile en nobles et généreuses entreprises ! Tandis qu'on ne s'occupe que de mesquines vengeances personnelles, qu'on laisse la justice impuissante contre les plus graves délits, qu'on tremble devant tous les dangers au lieu de les braver et de les combattre ! n'avez-vous pas la

Péninsule à pacifier? n'avez-vous pas à vous affermir en Afrique, à abaisser l'Angleterre, à vous réconcilier avec l'Europe conservatrice, en imitant Napoléon comme restaurateur de la société française ? Voilà de la nationalité, voilà de la vraie gloire ! tel est le compte que vous demandera la postérité d'un pouvoir qui, au lieu de rendre à la France sa supériorité en Europe, l'aura classée parmi les États de second ordre.

En résumé, nous regrettons l'expédition de Constantine ; cet échec nécessite une nouvelle entreprise ; et c'était une action non seulement prématurée, mais mal conçue. Garder cette ville sera une occupation long-temps coûteuse ; la détruire sera un acte de piraterie. Tout peuple colonisateur ne doit s'avancer qu'avec méthode, et ne jamais faire un pas qui ne parte d'un sol sur lequel il est affermi.

Rien n'est étranger au sujet dans ce court exposé ; les accessoires se lient au but principal. Les fautes politiques que l'on commet ont souvent d'autres causes que l'incapacité ; et ce n'est qu'en remontant à leur origine et en parcourant leurs diverses gradations qu'on peut en apprécier la gravité et y porter remède.

Depuis plusieurs années, on tourne autour de toutes les questions, on les entasse sans en résoudre aucune ; mais un jour elles se présenteront toutes à la fois, et il en coûtera cher pour conclure. Bien que toutes les intelligences soient maintenant réduites en France à la condition des Parias, elles conservent dans la fierté de leur isolement l'esprit de patriotisme et l'amour de la gloire française. Elles savent que sans indépendance et sans la hardiesse de dire la vérité, on est aussi peu propre au conseil qu'à l'action. Aussi, indépendant et vrai dans cet écrit, on croit avoir atteint le but comme observateur, mais on n'est pas pouvoir.